CHOIX
D'ANCIENNES COUTUMES

INEDITES OU RARISSIMES

PAR

EUGÈNE DE ROZIÈRE

INSPECTEUR GÉNÉRAL DES ARCHIVES

CHARTE DU CONSULAT D'UZÈS.

EXTRAIT

DE LA **Revue de Législation ancienne et moderne.**

Numéro du 1er Avril 1870.

PARIS

ERNEST THORIN, LIBRAIRE-ÉDITEUR

7, RUE DE MEDICIS, 7

1870

CHARTE DU CONSULAT D'UZÈS.

Les archives communales d'Uzès ont été récemment mises en ordre et inventoriées par M. Bessot de Lamothe, archiviste départemental du Gard. M. de Lamothe s'est acquitté de sa double tâche avec autant de soin que d'intelligence, et le conseil municipal n'a pas hésité à voter l'impression de son inventaire (1). Nous savons donc aujourd'hui d'une manière précise ce que renferme ce dépôt et nous pouvons mesurer l'étendue des pertes qu'il a subies. On n'y rencontre plus aucun document antérieur aux dernières années du XIIIe siècle; tous les anciens priviléges et la plupart des chartes originales ont disparu; la série la plus intéressante, celle des registres de délibérations, offre de nombreuses lacunes; les comptes de recettes et dépenses ne remontent pas au delà de l'année 1582. Ces débris sont plus éloquents qu'aucun récit d'historien et ne témoignent que trop fidèlement des violences du passé. Tour à tour ravagée par les Vandales, soumise par les Wisigoths, conquise par les Francs, envahie par les Ostrogoths d'Italie, pillée par les Sarrasins et les Normands, enlevée au comte de Toulouse par Simon de Montfort, la malheureuse ville d'Uzès avait fini par trouver le repos sous la domination des rois de France; mais, au XVIe siècle, les guerres de religion devinrent pour elle une nouvelle source de calamités. Les invasions des barbares avaient détruit ses monuments; la lutte fratricide des catholiques et des protestants commença la ruine de

(1) Inventaire-sommaire des archives communales [d'Uzès] antérieures à 1790, Paris, 1868, in 4.

ses archives; le temps et l'incurie ont fait le reste (1).

Cependant le hasard a permis qu'un document important pour l'histoire de notre ancienne administration fût sauvé du naufrage et parvînt jusqu'à nous. C'est un procès-verbal ou plutôt un *acte de notoriété*, que les consuls firent dresser, le 1er novembre 1346, pour constater les droits et prérogatives du consulat ainsi que l'étendue de la banlieue sur laquelle s'exerçait leur juridiction. On a peu de renseignements sur l'état intérieur de la cité pendant la première moitié du moyen âge. On sait seulement que les comtes de Toulouse y avaient mis un vicaire ou viguier, et qu'après s'en être emparé Simon de Montfort en partagea la seigneurie avec l'évêque Raymond IV (1215). Saint Louis confirma la donation de Montfort (1254). Uzès était donc possédée par trois co-seigneurs, le roi, l'évêque et le viguier (2). Si le consulat existait déjà, les consuls n'avaient du moins qu'une importance très secondaire. Il est en effet difficile de fixer l'époque de leur institution (3), mais on a la preuve qu'en 1344 ils se trouvaient encore dans la dépendance de l'évêque, qui pouvait les

(1) Les archives d'Uzès devaient encore être considérables au milieu du XVIIIe siècle, car le registre de délibérations BB, 24 nous apprend qu'en 1768 les sieurs Pierre Boudet et Jean Borie, greffiers consulaires, furent chargés de les inventorier, qu'ils consacrèrent à ce travail 2,106 séances et qu'ils reclamèrent pour leurs honoraires la somme exorbitante de 14,604 livres, que le Conseil réduisit à 2,600. L'inventaire des sieurs Boudet et Borie existe aux archives communales sous les n°s II, 4 et 5.

(2) La viguerie d'Uzès fut successivement érigée en vicomté par Philippe VI en 1328, en duché par Louis XII en 1505, en duché-pairie par Charles IX en 1572.

(3) L'acte de notoriété du 1er novembre 1346 se borne à dire (art. 16) que l'origine du consulat était *très-ancienne*, mais dans l'art. 29 il rappelle une transaction intervenue entre les co-seigneurs et les consuls en 1256.

nommer et les révoquer à son gré (1). Ce fut entre les années 1344 et 1346 que, pour les soustraire au joug épiscopal, Philippe VI les rendit électifs et les plaça sous la sauvegarde directe de la couronne. Les consuls jugèrent sans doute que la circonstance était favorable pour faire constater l'étendue de leurs droits, et c'est très probablement à cette occasion que fut rédigé l'acte du 1er novembre 1346, qu'on peut regarder comme la véritable *charte du consulat.*

L'avenir prouva que cette précaution n'était pas inutile. L'évêque et le viguier n'avaient pas attendu l'émancipation des consuls pour chercher à restreindre leur autorité, quelque modeste et limitée qu'elle fût. Dès le commencement du XIVe siècle, ils avaient essayé de leur contester la police du marché, la connaissance des dégâts commis dans la banlieue et le droit de faire opérer des saisies par leurs agents (2). Peut-être même le désir de faire cesser ces tracasseries n'avait-il pas été sans influence sur les résolutions du roi. Mais, quand le consulat fut devenu l'associé, sinon l'égal des autres co-seigneurs, les hostilités redoublèrent, et la cour royale fut maintes fois obligée d'intervenir pour faire respecter les prérogatives des magistrats municipaux (3). Un arrêt solennel rendu en 1496 vint enfin mettre un terme à ces luttes

(1) Le registre de délibérations BB, 2 (1342-1345) renferme le récit de l'entrée solennelle de l'évêque Hélie en 1344, et à la suite *l'ordre observé dans l'institution et la destitution des consuls par l'évêque.*

(2) Voy. les actes judiciaires contenus dans les registres FF, 1 (1325-1329) et FF, 2 (1325-1345).

(3) Voy. les actes judiciaires contenus dans les registres FF, 3 1325-1349), FF, 4 (1349-1352), FF, 6 (1372-1373), FF, 7 (1437), FF, 9 (1485).

intestines (1). Tous les droits énumérés dans l'*acte de notoriété* furent de nouveau reconnus et confirmés, et les consuls en conservèrent le paisible exercice jusqu'au jour où la royauté, devenue maîtresse absolue, tenta de comprimer à son tour les libertés qu'elle avait d'abord protégées.

Ces droits, si vivement disputés, étaient cependant bien inférieurs à ceux dont jouissaient les grands consulats du midi. Les consuls d'Uzès avaient, il est vrai, la garde de la ville, dans laquelle les co-seigneurs ne pouvaient mettre garnison sans leur consentement (art. 9, 30, 31); ils étaient les organisateurs et les chefs de la milice bourgeoise (art. 32); ils opéraient la répartition et le recouvrement de tous les impôts (art. 18, 19, 34); ils possédaient une certaine juridiction criminelle, dont un *costel* ou pilori, dressé sur la place du marché (2), était à la fois le siége et l'emblême (art. 3, 10, 37); ils pouvaient infliger des amendes (art. 4), quelquefois même la prison (3); mais leur compétence ne s'étendait pas au delà des contravention ou des délits de médiocre importance, tels que l'usage de faux poids (art. 37), le vol de fruits (4), les dégats causés dans les champs (art. 4); ils étaient d'ailleurs exclus de toute participation à la juridiction civile, et leurs principales attributions ne concernaient que l'ad-

(1) La procédure remplit le registre FF, 11, tout entier, lequel ne compte pas moins de 1649 feuillets.

(2) M. de Lamothe a imprimé plusieurs fois *la place du* CASTEL, *la seigneurie et juridiction du* CASTEL, et d'autres fois *la place du* COSTEL. Je crois qu'il faut lire partout COSTEL. Voy. Du Cange, V° *Costellum*.

(3) Voy. le reg. FF, 11.

(4) On lit dans le reg. de délibérations BB, 1 (1272-1369) qu'une voleuse n ayant pu payer l'amende fut mise au carcan sur la place du *Costel*. Cette voleuse était probablement de la même espèce que les voleurs de raisin dont il est parlé dans le reg. BB, 2.

ministration proprement dite, la police et la voirie.

Tels étaient, en résumé, les droits qu'exerçaient les consuls d'Uzès au milieu du XIVe siècle. Ils nous montrent ce qu'était devenue à travers la barbarie du moyen âge l'organisation intérieure d'une cité gallo-romaine, et sous ce rapport ils forment un chapitre intéressant de notre histoire administrative. Aussi l'acte qui les constate m'a-t-il paru de nature à prendre place dans un recueil d'anciens monuments *coutumiers*, bien qu'à vrai dire ce ne soit pas une *coutume* dans le sens rigoureux du mot. Cet acte est écrit sur une feuille de parchemin, qui mesure 72 centimètres de hauteur sur 62 de largeur, et qui, dans le nouveau classement, fait partie de la liasse AA, 1. La rubrique est à l'encre rouge; la lettre initiale est accompagnée d'ornements et peinte en bleu, rouge et or. Il n'existe pas trace de sceau, mais les marges du parchemin sont bordées de trous ronds, au nombre de quatorze, par où pendaient sans doute les cachets des témoins entendus dans l'enquête. Le texte est formé de deux parties bien distinctes : la première est celle qui renferme l'énumération des prérogatives consulaires; elle est en langue romane et disposée sur trois colonnes; c'est la seule qu'il m'ait paru nécessaire de publier; la seconde est relative aux limites du territoire; elle est en langue latine et transcrite à longues lignes; j'ai cru pouvoir la négliger comme dépourvue de tout intérêt juridique. J'ai suivi d'ailleurs dans l'édition de ce curieux document le même système que dans celle de l'ancienne coutume de Thégra : j'ai fait précéder le texte roman d'une analyse, dans laquelle je me suis plutôt attaché à rendre le sens qu'à donner une traduction littérale. Enfin j'ai profité de l'inventaire de M. de Lamothe pour renvoyer en note aux divers articles du dépôt qui pouvaient éclairer le sujet.

Analyse de la charte d'Uzès.

S'ensuivent les droits, fonctions, priviléges et revenus des consuls d'Uzès.

1. En premier lieu les consuls connaissent des bâtiments en mauvais état, qui peuvent occasionner un dommage.

2. Ils connaissent également des immondices, qui entravent la circulation dans la cité.

3. Ils ont un pilori sur la place du marché et droit de s'en servir.

4. Ils ont, dans une banlieue déterminée, le droit de *bannerie,* c'est-à-dire la connaissance des dégâts causés aux récoltes, aux fruits, aux herbages, et peuvent à ce sujet prononcer des condamnations.

5. Ils font certaines *criées* avec le concours des seigneurs et d'autres sans leur concours.

6. Ils décident seuls sur quel objet la *criée* doit être faite (1).

7. Ils ont toute juridiction sur le territoire appelé le *Tornal.*

8. Ils doivent assigner aux étalagistes une place sur le marché, et restreindre les étalages et boutiques qui prendraient trop d'espace (2).

9. Les seigneurs ne peuvent, sans leur consentement, mettre garnison dans la ville.

(1) Voy. l'intéressante brochure de M. Octave Teissier, *Essai historique sur les criées publiques au moyen âge*, Draguignan, 1864, in-8.

(2) Le registre de délibérations BB, 2 (1342-1345) fournit un exemple d'étal enlevé du marché par ordre des consuls.

10. Ils confisquent et font porter au pilori les pains qui sont trop petits et n'ont pas le poids légal.

11. Ils connaissent des égouts qui débouchent sur la voie publique, et les font fermer s'ils sont nuisibles.

12. Ils taxent, avec le concours des seigneurs, les victuailles et les pièces de gibier qui entrent dans la ville.

13. Ils nomment, instituent et révoquent les percepteurs, directeurs de travaux (1), estimateurs, clavaires, *réparateurs* (2), courtiers et leudiers, reçoivent leurs serments, les obligent à accepter et à remplir lesdits offices, vérifient leurs comptes et les contraignent à payer les reliquats (3).

14. Personne ne peut, sans leur autorisation, bâtir sur un emplacement public.

(1) Le mot *obbries*, qu'on lit dans le texte, ne saurait s'entendre des ouvriers proprement dits ni même des entrepreneurs ; il désigne évidemment les agents municipaux qui étaient chargés de diriger les travaux exécutés aux frais de la commune. C'est ainsi que dans les chapitres et dans les monastères on donnait le titre d'*ouvrier* au dignitaire qui avait la surveillance des bâtiments. Voy. Du Cange, V° *Operarius*.

(2) Il s'agit très probablement ici des agents municipaux chargés de conduire les travaux d'entretien et de réparation mentionnés dans l'art. 25.

(3) Les registres de délibérations renferment un grand nombre de nominations d'agents ou fonctionnaires municipaux d'un ordre plus ou moins relevé. On trouve notamment dans le registre BB, 2 (1342-1345) des nominations de clavaires, de porchers, de banniers, de crieurs, de bassiniers, de bailes chargés de la perception du sestéralage, de courtiers, de mesureurs, d'estimateurs ; dans le registre BB, 15 (1703-1724), d'inspecteurs des portes ; dans le registre BB, 18 (1725-1738), de découpeurs à la boucherie. Plusieurs de ces offices n'étaient créés qu'en vue d'un besoin passager ; c'est ainsi qu'au milieu du XVIIe siècle, quand la peste régnait dans les environs, les consuls instituèrent un *capitaine de santé* et un *chasse-gueux* chargé d'empêcher les vagabonds de pénétrer dans la ville. Voy. les reg. BB, 8 (1631-1649) et BB, 9 (1647-1713).

15. Ils ont en garde les sceaux de la commune.

16. L'origine de leur consulat est très-ancienne.

17. Ils sont chargés de l'entretien des fossés et veillent à ce qu'on n'y jette point d'ordures.

18. Dans l'assiette des tailles et subsides, ils fixent la quote-part de chacun d'après la valeur de ses biens.

19. Ils font procéder à l'estimation et allivrement des dits biens, et c'est d'après cette estimation qu'ils déterminent les quote-parts.

20. Leurs personnes et leurs biens sont sous la sauvegarde directe du Roi (1).

21. Ils élisent le médecin (de la ville) (2).

22. Ils présentent le maître d'école au choix du capiscol (3).

23. Ils font reculer les toitures des maisons qui avancent sur la voie publique contrairement au droit et à la coutume.

24. Ils nomment, instituent et révoquent les chefs et bailes des métiers.

25. Ils obligent chaque citoyen à contribuer à la ré-

(1) On lit dans les registres FF, 3 (1325-1349), FF, 4 (1349-1352) et FF, 6 (1372-1373) plusieurs actes judiciaires constatant que les consuls et autres officiers municipaux étaient placés sous la sauve garde du Roi et n'étaient justiciables, tant au civil qu'au criminel, que de la cour royale.

(2) Le registre de délibérations BB, 3 (1421-1424) nous apprend qu'en 1424 on donna congé au médecin de la ville *devenu inutile à cause des nombreux empyriques qui roulent dans Uzès.* Cependant au commencement du XVIIe siècle la crainte de la peste décida les consuls à instituer de nouveau un médecin pour le service des pauvres, et nous voyons figurer parmi les dépenses des années 1649 et 1650, qui furent des années d'épidémie, les honoraires de médecins communaux. Voy. le reg. BB, 6 (1605-1617) et la liasse CC, 101 (1623-1651).

(3) Le *capiscol* ou écolâtre (*caput scholæ*) était un dignitaire du chapitre investi de la surveillance des écoles.

paration des chemins publics, rues, murs, portes et fossés (1).

26. Ils obligent également les citoyens et habitants à prêter serment pour l'observation des bans (ordonnances de police).

27. Ils veillent au maintien des libertés de la ville et administrent les affaires communales, soit par eux-mêmes, soit par leurs syndics.

28. Ils doivent, ainsi que leurs conseillers, être à l'abri de tout mauvais traitement.

29. Ils ont acquis des seigneurs, en 1256, le droit de *vintain* (droit du vingtième) sur le vin.

30. Ils font faire le guet.

31. Ils ont la garde des murailles et désignent ceux qui doivent veiller aux portes (2).

32. Ils ont une bannière à leurs armes (3), et doivent, en temps de guerre, passer la revue de la milice, visiter les maisons pour se faire livrer les armes et contraindre les habitants à les suivre, le tout sous menace d'une peine (4).

(1) Les registres de délibérations BB, 3, 6, 7, 12, 13, 14, contiennent la mention d'un grand nombre de réparations exécutées par ordre des consuls aux portes, aux tours, aux remparts, aux églises, au palais épiscopal, au collége, à l'horloge, aux ponts, aux fontaines, etc....

(2) Voy. au sujet du guet et de la garde de la ville les reg. de délibérations BB, 4 (1578-1579) et BB, 7 (1617-1630). Le registre FF, 11 (1496), où se trouvent rapportés et spécifiés article par article les droits du consulat, dit expressément que les consuls ont les clefs de la ville et peuvent en faire garder les portes par des gens armés.

(3) Les armes des consuls étaient trois fleurs de lis. Voy. le reg. FF, 11.

(4) Le registre de délibérations BB, 1 (1272-1369) renferme deux proclamations ou *criées* faites au nom des consuls pour inviter les habitants à envoyer leurs contingents à la guerre de

33. Ils nomment et révoquent les conseillers et les obligent, sous menace d'une peine, à remplir leur office (1).

34. Ils sont chargés d'opérer la rentrée des tailles, subsides ou collectes, quel qu'en soit l'objet.

35. Ils admettent les étrangers au droit de cité (2).

36. Ils édictent des statuts pour les besoins de leur administration (3).

37. Ils partagent avec les seigneurs le droit de vérifier les poids et mesures, et font briser publiquement à leur pilori ceux qui sont reconnus irréguliers.

38. Ils font mettre leurs armes sur les poids et mesures, fixent le montant du droit à payer et en prélèvent les deux tiers.

39. Ils perçoivent la leude tous les jours de la semaine, excepté le samedi.

40. Ils connaissent des viandes *enflées* et les font porter à leur pilori.

41. Ils font jeter dehors les poissons et les viandes corrompues.

42. Ils nomment les bailes et chefs des métiers (4).

Gascogne et à la guerre de Toulouse. On lit dans les registres BB, 4, 6, 7, 10 et suivants, de nombreuses délibérations relatives à l'organisation de la milice bourgeoise, à la nomination des capitaines, à l'achat de piques, de mousquets et même de canons.

(1) Une délibération contenue dans le registre BB, 2 (1342-1345) condamne à une amende de douze sous tournois les conseillers qui manquent de se rendre au conseil.

(2) Voy. dans le registre BB, 2 (1342-1345) l'admission de Bertrand Aymeric au droit de cité. Le reg. BB, 5 (1596-1597) contient une délibération qui fait défense aux étrangers de venir s'établir dans la ville sans l'autorisation des consuls. Une autre délibération contenue dans le même registre fixe le droit d'*habitanage* que les étrangers doivent payer.

(3) Il existe deux règlements de cette nature, relatifs à la propreté des rues, dans les registres BB, 2 et BB, 7.

(4) Cet article paraît faire double emploi avec l'article 24.

43. Ils ont un sergent et des banniers chargés des citations, des contraintes et des saisies.

Texte de la charte d'Uzès.

Segon s'en los negocis, excerci[ci]is (1), usages et explechas, que devon far et exercir los consols d'Uzes.

1. Premieyramen an conoyssensa de las causas ruynosas, so es dels hedificiis que podon donar dampnage.

2. Item de las causas inmundas dels enpedimens dels camins publics per la cieutat.

3. Item an costel adreyssat en mercat et uzatge de ne uzar.

4. Item an bannarie termenada hon an dreg de bannaria a causa de banh, so es de gatjamen de talas de frutz, de fruchas e de herbas, e per las causas desus dichas prenon composicion.

5. Item fan certas cridas sens los senhors e d'autras an los senhors ensemps.

6. Item an la election e denominacion de la crida.

7. Item an territori que s'apella lo *Tornalh* he an aqui tota juridiccion.

8. Item devon assignar luoc as taulies en mercat d'Uzes e los excessious taulies e perteguas far restrenhe.

9. Item que los senhors sens la volontat dels consols en la villa non podon metre denguna maynada.

10. Item prenon los pans dels pestres cant son trop petits, que non son de pes donan los al costel.

11. Item dels aiguies et effluensas d'aquels de la via publica e nosemen conoysson e aquels fan claure.

(1) Le registre de délibérations BB, 2 (1342-1345) est intitulé *Liber exerciciorum domus consulatus*.

12. Item an de las vitalhas e de las causas de las cassas en la cieutat an los senhors a moderar e taxar.

13. Item ordenon e statuisson e desapauson quistans, obbries, extimayres, clavaris, reparadors, corratiers, leudiers, e juramens recebon d'els, e aquels compellisson a prehendre e recebre los dichs officis, e los contes auson, e la resta a redre e restituir compellisson.

14. Item dengun non auza bastir sen lur licencia en luoc public.

15. Item an tots los senhals de la universitat.

16. Item an lor consolat tresque antic.

17. Item an l'ordenansa dels fossats e en aquels prohibisson de gitar ne metre horduras.

18. Item en talhas e subsidis talhan un cascun ho taxan juxta la pocibilitat de lus bens.

19. Item fan estima e libre d'aquela, e taxan las causas estimadas, e ordenon juxta lo cant del patrimoni de un cascun.

20. Item son los consols en salvagarda real e an lur libertats e bens subgects al Rey.

21. Item eligisson metge.

22. Item presenton a mossen lo cabiscol lo mestre de l'escola.

23. Item los teules dels hostals e bastimentas, que enpachon la via publica, non degut e non costumat, fan retrayre e restrenhe.

24. Item statuisson e ordenon e desapauson los caps he los bayles dels mestiers.

25. Item compellisson cascun per las reparations dels camins publics e per las carreyras e per los murs e portals e fossats.

26. Item compellisson los cieutadens e habitans de prendre sagramen per los banch.

27. Item an la prosequcion de las libertats e negocis communs e per hels e per lus sendics.

28. Item que los dich consols non devon estre mal menatz ne tractats coma lurs concilhies.

29. Item los senhors transporteron ho venderon lo dreg del vint del vin als consols sus l'an mil CC sinquanta e syeys.

30. Item fan fayre los gags.

31. Item adordenon las gardas dels murs e compellisson de aquels a garda e los portaus.

32. Item an armas en bandieyra, fan mostra per lo fach de la guerra, per aver armas e arneys cascun hostal compellisson e cercon, a baylar e seguir compellisson, e sus pena.

33. Item los conselhies creant e fant e des[ti]tuisson, e a l'offici de donar conselh costrenhon e compellisson, e aquo sus pena.

34. Item las talhas, los subsidis, las collectas prenon, levon amasson e a pagar compellisson per tots negocis.

35. Item los estranges en cieutadens recebon.

36. Item fan estatuts per las lurs utilitats.

37. Item an conoyssensa an los senhors e vesitant la desfalhensa e deminuensa dels pezes e mesuras hel cost el d'els los rompon publicamen.

38. Item els pezes e mesuras an lurs armas, e ordenon hemolumen sus los pezes, han elecion sus lo dig emolumen las dos part.

39. Item leudan per tota la semana, exceptat lo dissapte.

40. Item conoysson de las carns enfladas e aquelas donon a lur costel.

41. Item los peyssons e carns corrompudas fan gitar porre.

42. Item ordenon bayles e cap de mesties.

43. Item an sirven e banhies, per los quals citan, compellisson e gatjan en lus esplets.

Paris. Typ. A. Parent, rue Monsieur-le-Prince, 31.

OUVRAGES DU MÊME AUTEUR

Numismatique des Rois Latins de Chypre, 1847, in-4.

Cartulaire de l'Eglise du Saint-Sépulcre de Jérusalem, 1849, in-4.

Formules Wisigothiques, publiées d'après un manuscrit de la Bibliothèque royale de Madrid, 1854, in-8.

Table générale et méthodique des Mémoires, contenus dans les recueils de l'Académie des Inscriptions et Belles-Lettres et de l'Académie des Sciences morales et politiques (en collaboration avec M. Eugène CHATEL), 1856, in-8.

Recueil général des Formules usitées dans l'Empire des Francs, du ve au xe siècle, 1859-1861, 2 vol. gr. in-8.

Notice sur un Manuscrit du Grand Coutumier de France, conservé à la Bibliothèque du Vatican, 1864, in-8.

Mémoire sur l'histoire du droit des Lombards, 1864, in-8.

De l'histoire du Droit en général, du Grand Coutumier de Normandie et des rapports du Droit anglais avec le Droit normand, 1869, in-8.

Liber diurnus, ou Recueil des Formules usitées par la Chancellerie pontificale du ve au xie siècle, publié d'après le manuscrit des Archives du Vatican, avec les notes et dissertations du P. GARNIER et le commentaire inédit de BALUZE. 1 fort vol. grand in-8, avec supplément.

Choix d'anciennes coutumes inédites ou rarissimes. — 1re Livraison. — Ancienne coutume de Thégra.

Cours de Droit commercial, par J.-M. PARDESSUS, 6e édition publiée par M. Eugène DE ROZIÈRE, petit-fils de l'auteur, 1856-1857, 4 vol. in-8.

Revue de Législation ancienne et moderne, française et étrangère, publiée sous la direction de MM. Edouard LABOULAYE, Eugène DE ROZIÈRE et R. DARESTE.

Paris. A. PARENT, imprimeur de la Faculté de Médecine, rue M^r-le-Prince, 31.

www.ingramcontent.com/pod-product-compliance
Lightning Source LLC
LaVergne TN
LVHW010217230826
846091LV00008BB/3553

* 9 7 8 2 0 1 3 6 3 3 5 5 0 *